광솔

광솔

황상정 제5집 중 제2시조집

그림과책

*시조란

1) 우리나라 고유의 정형시
2) 한문 문화가 모든 문화의 중심에 자리 잡고 있던 시기에 우리말로 노래하여 민족의 주체성을 살렸다
3) 고려시대에 형성되어 현대시조로 전승된 전통적 문학
4) 양반과 평민 모두가 지었던 국민문학

*단시조(단형시조)란

(평시조는 단시조로 평평하게 부르는 노래이다. 말하자면 평시조는 멜로디요. 단시조는 가사이다)
_ 삼장 형식으로 이루어진 가장 기본적이고 대표적인 시조(초장이 3 4.3(4)4. 중장이 3.4.4(3)4. 종장이 3.5.4.3조로) 글자는 모두 45자 안팎이며 각 장은 4음보로 이루어진다. 본 율조에 1,2 음절로 가감은 무방하나 종장의 첫 구절만은 3음절로 고정된다.

- 시조의 종류 -

1) 평시조란
시조의 기본형으로 그 형태가 가장 먼저 정립되었을 뿐 아니라 시조시 전체를 통하여 주류를 이루고 있어 시조를 대표한다(3장

6구 4보격 12음보 총 45자 내외의 단형시조이다).

2) 엇시조란
1. 초장·중장 가운데 어느 한 장이 평시조보다 1음보 정도 더 길어진 시조.
2. 시조 창법의 하나 초·중·종장 가운데 어느 한 장이나 두 장이 평시조의 정형에 비하여 약간 길어진 것인데 종장이 길어진 예는 드물다. 곡조의 첫 부분은 높은 소리로 질러 내고 초장은 무겁고 점잖은 창법으로. 중장부터는 흥청거리는 창조로 부른다.

3) 연시조란
두 개 이상의 평시조가 하나의 제목으로 엮어져 있는 시조이다.

4) 사설시조란
평시조보다 초·중이 제한 없이 길고 종장도 어느 정도 길어진 시조인 장시조 또는 장형시조라고도 한다.

5) 양장시조란
종장이 없이 초장과 중장만으로 이루어진 시조의 형식이다.

6) 단장시조란

평시조를 더욱 압축하여 초·중장을 제쳐놓고 종장만으로 시조의 맛을 내게 하려는 시조의 변형이다. 이는 단순한 시도에 지나지 않는다.

7) 동시조란

어린이의 생각이나 느낌. 또는 기호에 맞는 내용으로 된 시조. 근래에 와서 시도되고 있으며 이는 날로 쓰이는 율이 높아가고 있다.

8) 민조시란

민조시는 연민조시. 장민조시 등 여러 형태로 분류된다. 민조시는 현대시조의 45자 형식에서 우선 자유롭고 자유시가 아니라 3.4.5.6조(18자)라는 음수율로 6조 중심의 형식을 취한 정형시이다.

(자료출처 : 네이버)

| 시인의 말 |

  벌써 다섯 권의 시집과 시조집을 출간하게 되어 너무나 행복합니다. 저를 알고 계시는 모든 분들께 감사의 인사를 드립니다. 장애가 있고 몸이 아픈 저에게 용기와 격려를 아끼지 않으셨던 마음과 고마운 말씀들을 잊지 않고 지내왔습니다. 앞으로도 주신 용기와 격려를 가슴속 깊이 새기며 열심히 살아가겠습니다.

  늘 곁에서 힘 모아 응원해 주는 가족들에게도 다시 한번 감사를 드리며 특히 매번 많은 도움을 주시고 희망과 용기를 가득 불어넣어 주신 원주시 종합장애인복지관의 최세희 사회복지사님께도 머리 숙여 깊은 감사의 인사를 드립니다. 끝으로 모든 분들께 언제 어디서나 늘 건강과 행복이 함께 하시길 소망합니다.

2024년 9월

황 상 정

| 차례 |

시인의 말 … 7

1부 광솔

한뿌리 … 16
철부지 … 17
순리 … 18
도리 … 19
저녁연기 … 20
광솔 1 … 21
광솔 2 … 22
광솔 3 … 23
춘삼월 … 24
벌나비 … 25
구색 … 26
정겨워라 … 27
신중 … 28
기회 … 29
반성 … 30
밝은 얼굴 … 31
변함없는 친구 … 32
추억 … 33
천렵 … 34
어버이날 … 35
사과 … 36

2부 꿈

출발 … 38
나라면 … 39
꿈꾸는 내일 … 40
바램 … 41
한 걸음부터 … 42
새아침 … 43
양보 … 44
춘삼월 봄날 … 45
정성 … 46
희망 … 47
돌아가지 않으리 … 48
시작이 반 … 49
벼이삭 … 50
깨어진 꿈 … 51
서글퍼라 … 52

3부 허망

허욕 … 54

돌아 못 올 내 청춘 … 55

진실된 말 … 56

안되네 … 57

현실 … 58

허무한 약속 … 59

고독 … 60

산다는 게 … 61

이 순간 … 62

담비의 눈물 … 63

평화 잃은 갈매기 … 64

어느 누굴 … 65

가버린 세월 … 66

안타까운 세월아 … 67

말조심 … 68

사상누각 … 69

벽창호 … 70

비바람 나그네 … 71

후회 … 72

노력 … 73

한숨 소리 … 74

삶 … 75
가야만 하는 길 … 76
천륜 … 77
죽어야만 … 78
내 몸 … 79
어이하리 … 80
대관령 정상에서 … 81
깨져버린 유리창 … 82
가노라 가노란다 … 83
판단 … 84

4부 사랑비

그대는 내 사랑 … 86
들국화 … 87
축제 … 88
꽃순이 … 89
사무친 그리움 … 90
왜 … 91
애타는 그리움 … 92
눈물만이 서글퍼 … 93
당신 … 94
그 사랑이 … 95
한겨울 기나긴 밤 … 96
목련 … 97
그리움 한보따리 … 98
눈꽃 … 99
그 이름 … 100

5부 아지랑이

기쁜 오늘 … 102

동무 … 103

친정엄마 … 104

인생길 … 105

무어라 말을 할까 … 106

피눈물 … 107

잘 듣기 … 108

기다리는 봄 … 109

그리움 … 110

천천히 … 111

토종 벌꿀 … 112

의지 … 113

바보 … 114

마음먹기에 따라 … 115

정도 … 116

극락왕생 … 117

해설 … 118

1부 광솔

한뿌리

성격이
다르다고
한뿌리 아니더냐

생각은
커가면서
모든 게 바뀐다네

손가락
다섯 개에도
길고 짧음 있는데.

철부지

물불이
무섭다고
네 성질과 같으려고

급하디
급한 성격
아무도 못 말리는

너는야
세상모르는
바보같은 철부지.

순리

아무리
춥다 해도
춘삼월 돌아오고

춘삼월春三月*
지나면은
초여름 돌아오니

틀림이
하나도 없는
순리대로 살자네.

*봄 경기가 무르익는 음력 3월

도리

사람이
사람으로
행할 일을 않는다면

금수禽獸가*
따로 있나
그 누가 사람이랴

옳은 일
그른 일들은
가려 해서 행하길.

*날짐승과 길짐승이라는 뜻으로 모든 짐승을 이르는 말

저녁연기

저 멀리
굴뚝 위로
하얀 연기 올라오고

정겨운
저녁 향기
어머니가 손짓하네

서둘러
가야 한다네
하얀 이밥 날 불러.

광솔 1*

비바람
맞으면서
한평생 우린 한 몸

언제나
변함없이
너는 나의 전부인데

영원한
우리 사랑을
두 손 모아 빈다네.

*관솔의 방언(강원도, 경상도, 평안도)
 관솔 : 송진이 많이 엉긴, 소나무의 가지나 옹이를 말함

광솔 2

함께한
동고동락
행복했던 지난날이

주마등
이라던가
눈물은 흐르는지

꿈처럼
행복했던 날
안개처럼 피어나.

광솔 3

다시금
만나는 날
새로이 태어나서

함께한
지난날을
되새겨 돌아보며

다시 올
무지개 행복
한 몸 되어 살리라.

춘삼월

처마밑
제비집에
제비 부부 돌아오고

새싹이
돋아나는
춘삼월 돌아왔네

꽃망울
터뜨리는 봄
개나리가 웃는다.

벌나비

개나리
꽃을 피워
봄소식을 전해주고

진달래가
웃는구려
아지랑이 춤을 추네

춘삼월
따뜻하구나
노래하는 벌나비.

구색

구색具色은*
다 맞는데
하나가 빠졌구려

합 일치*
못 되는 맘
그것이 빠졌구려

모든 건
한마음 한뜻
천하제일 아닌가.

*여러 가지 물건을 고루 갖춤, 또는 그런 모양색
*둘 이상이 합하여져 하나가 되다

정겨워라

밤새워
내린 눈이
이불처럼 쌓여가고

한걸음
내딛기도
어려운 길이지만

지금도
내리는 눈이
정겹기만 하다네.

신중慎重

그놈의
잘난 얼굴
모두가 우울하고

그놈의
손모가지*
만사를 그르치네

신중에
신중을 기해
행동함이 최고라.

*손과 손목을 낮잡아 이르는 말

기회

물들어
온다 하네
노 젓기란 다 하여라

기회가
왔을 때는
있는 힘을 다하세나

그 기회
다시 오려면
어느 세월 하세월何歲月*.

*매우 오랜 세월

반성

시간이
늦을수록
불필요한 오해받아

잘못은
인정하고
과감히 반성하세

인정한
잘못과 반성
밝은 내일 꽃피네.

밝은 얼굴

환하게
밝은 얼굴
모두의 바람인데

왜 그리
찡그리나
보기도 싫은 얼굴

얼마나
오래 산다고
상 찡그려 살까나.

변함없는 친구

강산은
변했어도
친구는 변함없네

눈비가
몰아쳐도
비바람이 불어와도

친구의
마음만큼은
영원하다 아닌가.

추억

깻묵에
된장 비벼
어망에 넣어 두고

개울물
깊은 곳에
살짝이 놓아두네

조용히
숨을 죽이고
기다리는 설레임.

천렵川獵*

작은 솥
걸어 놓고
두 바가지 물을 부어

하얀 쌀
펄펄 끓여
잡은 고기 양념 넣고

구수한
어죽 냄새에
바빠지는 숟가락.

*냇물에서 고기를 잡으며 솥을 걸어 놓고 어죽과 매운탕을 끓여 먹으며
 하루를 즐기는 일

어버이날

오늘은
어버이날
가슴에 꽃 피는 날

빨간 꽃
카네이션
사랑으로 피어나고

못다 한
부모님 효도
만 송이로 피어라.

사과 謝過

웃자네
웃자 하네
모두가 내 탓일세

웃는 이
얼굴에다
침이야 뱉을쏘냐

웃으며
사과한 이에
두 손 잡고 반기네.

2부 꿈

출발

아무런
생각 말고
앞으로 나아가자

가다가
힘이 들면
쉬었다 가더라도

포기란
있을 수 없다
앞만 보고 가세나.

나라면

나라면
안 그랬지
그렇게는 안 할 거야

그렇게
주저앉아
울고 있지 않았을 걸

나라면
다시 일어나
훌훌 털고 갈 텐데.

꿈꾸는 내일

꿈꾸는
내일 있어
오늘이 즐거워라

기쁜 날
종일토록
행복이 물밀듯이

우리들
살아가는 곳
황금물결 춤추네.

바램

긴 한숨
내쉬면서
꿈이여 다시 한번

돌아올
내일에는
기쁨과 행복만이

팔도에
울려 퍼져라
휘날리는 이 마음.

한 걸음부터

깨어진
꿈이라고
뒤돌아 울지마라

기회는
다시 온다
긴장을 곧추세워

다시금
길을 간다네
꿈을 찾아간다네.

새아침

기회를
준답시네
한 번 더 준답시네

무릎을
꿇고 앉아
개과천선 조아리니

눈앞이
밝아오누나
새아침이 웃는다.

양보

한 발짝
물러서면
두 발짝 앞서가고

모두가
평안한 길
탄탄대로 나타나네

웃으며
양보하는 맘
밝아오는 새아침.

춘삼월 봄날

춘삼월
마루 밑에
복실이 꼬리치네

개나리
피어나고
아지랑이 춤을 추는

봄날이
찾아왔다네
춘삼월의 봄날이.

정성

골따라
씨 뿌리고
정성으로 싹을 틔워

고추가
오이처럼
감자는 호박처럼

정성이
하늘 같아서
이루어진 꿈이여.

희망

줄 맞춰
모내기라
아기 모 웃고 있네

허재비*
춤을 추고
메뚜기 노래하는

내일의
황금물결이
무르익는 벼이삭.

*허수아비의 방언(경상, 전남, 평북, 함남, 황해도)

돌아가지 않으리

멈출 수
있다더냐
우리들의 꿈과 희망

한마음
한뜻으로
여기까지 달려온 삶

가는 길
어렵다 해도
돌아가지 않으리.

시작이 반

가는 길
멀다 하고
애당초 아니라네

한 발짝
나아가면
두 발짝은 쉽건마는

아무런
생각을 말고
발걸음을 띄세나.

벼이삭

저 멀리
가을 소리
벼이삭이 웃는구나

노오란
황금 들녘
메뚜기가 노래하고

허재비
경계 근무 중
황금물결 춤춘다.

깨어진 꿈

어디로
가야 할지
갈 곳을 잃었다네

파아란
하늘 보며
작은 꿈 키웠는데

주위엔
온통 먹구름
어찌해야 좋을지.

서글퍼라

서글퍼
서글퍼라
오늘의 이 현실이

희망과
꿈을 향해
두 손을 모았건만

밝음이
어둠 속에서
갈 곳 잃어 헤맨다.

3부　허망虛妄

허욕

사람의
내면에는
언제나 헛된 욕심

허욕은
아니라네
끝없는 게 허욕이네

마음을
잘 다스려야
물러가네 허욕이.

돌아 못 올 내 청춘

눈 한번
깜박이니
천리도 더 간 세월

일생이
순간일세
찰나간 가는 세월

산산이
부서져 버린
돌아 못 올 내 청춘.

진실된 말

불 보듯
뻔한 얘기
왜 내가 듣는 건지

한 번쯤
진실되게
말할 수도 있을 텐데

한 번만
한 번이라도
말 못 할까 진실을.

안되네

물욕에
어두워진
두 눈을 원망하고

다시는
욕심 말자
다짐을 하였건만

안되네
아니 된다네
자책하는 이 마음.

현실

젊을 땐
파란불에
앞만 보고 달려왔고

늙어선
빨간불에
움직이지 못하면서

이제는
안녕이라고
눈물만이 애달파.

허무한 약속

진달래
피기 전에
내 다시 돌아오마

그날 밤
맺은 언약
허무한 맹세였소

진달래
피고 진 지가
세 번이나 됐는데.

고독

고독에
몸부림친
그 세월이 미웠어라

강산은
변했건만
고독은 변함없어

어이타*
가는 세월은
나 몰라라 야속타.

*어찌하다가

산다는 게

한평생
산다는 게
이리도 힘들더냐

모두가
낭떠러지
이 악물고 살았는데

또 이리
살아야 하나
눈물만이 서러워.

이 순간

불쌍타
어이하리
지금의 내 모습이

청운의
꿈을 안고
올라온 서울인데

이렇게
초라한 모습
눈물만이 구슬퍼.

담비의 눈물

숲속의
왕자였던
그때가 그리워라

눈 한번
치뜨면은
모두가 숨죽였고

힘없이
병약해지니
거들떠도 안 보네.

평화 잃은 갈매기

바닷가
섬마을에
평화로운 갈매기 떼

어디서
날아왔나
하늘 높이 매 한 마리

온 동네
난리가 났네
평화 잃은 갈매기.

어느 누굴

굴곡진
인생살이
어느 누굴 원망하리

이제껏
하던 대로
열심히 앞만 보고

살아라
살아야 한다
변함없이 이대로.

가버린 세월

눈 한번
깜박이니
천리도 더 간 세월

돌아본
그 세월은
어젯밤 꿈이런가

찰나간
인생살이라
허무함만 무정타.

안타까운 세월아

가지 마
가지 마라
가는 세월 잡아보네

이제 곧
떠나가면
언제 다시 돌아올까

눈물만
흘러내리네
안타까운 세월아.

말조심

아니라
아니라네
그 말은 아니라네

가슴속
파고드는
시퍼런 칼 같은 말은

안되네
아니 된다네
어디서나 말조심.

사상누각 沙上樓閣

내 앞의
앞 닦음도
하지를 못하면서

백 년도
못 살 인생
천 년을 꿈꿨다네

허황된
꿈과 희망은
사상누각* 아닐까.

*모래 위에 세운 누각이라는 뜻으로 기초가 튼튼하지 못하여 오래
 견디지 못할 일이나 물건을 이르는 말

벽창호

궁색한
너의 변명
알 수 없는 말 한마디

사방이
벽인데도
문이라고 우겨대니

이해가
안되는구려
벽창호*가 떠올라.

*고집이 세고 매우 우둔해 말이 도무지 통하지 않는 사람을 말함

비바람 나그네

갈 곳을
잃었다네
어디로 가야 할지

발길이
가는 대로
무작정 걸어가는

나그네
가는 길에는
비바람만 무정타.

후회

한마디
한마디가
모두 다 옳은 것을

왜 내가
몰랐을까
깨닫지 못했을까

이제 와
후회해 본들
무슨 소용 있다고.

노력

궁하면*
열린다고
믿었던 모든 것이

아니네
아니라네
노력이 따라야지

노력은
아니 해보고
잘되기만 바라네.

*일이 난처하거나 막혀 피하거나 변통할 도리가 없다

한숨 소리

기막힌
이 현실이
서글프기 짝이 없어

할 말을
잃었다네
넋을 잃고 말았다네

언제나
평안해질까
한숨 소리 높다네.

삶

한숨이
턱밑까지
세상사 두렵다네

아무리
생각해도
이해할 수 없는 일들

세상사
두렵다하네
어찌 살아 가리오.

가야만 하는 길

아무리
멀다 해도
가야만 하는 그 길

힘들고
괴로워도
참으며 가야 하는

가야만
하는 그 길에
인생살이 덧없네.

천륜天倫

천륜*을
저버렸네
어찌하면 좋을는지

꿈에도
해선 안 될
크나큰 그 죄악을

어떻게
잘못을 비나
터져가는 가슴속.

*부모 형제 사이에서 마땅히 지켜야 할 도리

죽어야만

무엇이
인생일까
곰곰이 생각해도

도무지
모르겠네
알 수가 없더란다

죽어야
알 수 있다는
어르신의 그 말씀.

내 몸

내 몸에
병이 드니
만사가 귀찮다네

자신도
없어지고
한숨만 절로나니

세월이
야속하구려
언제 이리 왔을까.

어이하리

종일을
갇혀 사는
수족관 금붕어야

그 모습
처량하다
내 모습과 똑같구나

맘대로
할 수가 없는
누가 내 맘 알리오.

대관령 정상에서

영 넘어
고향인데
북받친 설움만이

이렇게
가까운 길
삼십 년이 걸렸다니

눈물이
앞을 가리는
대관령의 정상아.

깨져버린 유리창

둘이서
한마음은
영원한 행복인데

어쩌다
우리 둘은
떨어지는 낙엽인가

꿈 같던
우리 행복은
깨져버린 유리창.

가노라 가노란다

가노라
가노란다
석양을 등에 지고

구만리
머나먼 길
모든 걸 잊자꾸나

미련도
후회도 없는
북망산*의 먹구름.

*무덤이 많은 곳이나 사람이 죽어서 묻히는 곳을 이르는 말(중국 허난성 뤄양시 북쪽에 있는 작은 산의 이름)

판단

늙은 건
몸뿐이고
마음은 청춘이네

마음엔
장미꽃이
만 송이가 피었는데

어찌타
겉만 보고서
판단할까 두려워.

4부 사랑비

그대는 내 사랑

아무리
장미꽃이
아름답다 하였어도

내 곁에
누워 잠든
그대만 하오리까

온 세상
장미꽃보다
아름다운 그대여.

들국화

길가에
홀로이 핀
어여쁜 들국화야

내 너를
바라보다
눈이 멀 뻔하였단다

얼마나
눈이 부시면
눈이 멀 뻔했을까.

축제

뒷동산
진달래가
웃음꽃 피웠다네

온 동네
잔칫집에
축제가 열리던 날

그 축제
영원하기를
두 손 모아 빌었네.

꽃순이

설레는
가슴 안고
그녀를 만나는 날

가슴속
간직해온
연분홍 러브레터

까맣게
애타는 가슴
설레이는 이 순간.

사무친 그리움

사무친
그리움을
어떻게 전할까나

눈 뜨면
보고 싶고
눈 감으면 그리운데

이래도
저래도 안돼
어찌하란 말이오.

왜

왜 내가
말을 못해
땅을 치며 후회하나

천추千秋*의
한이 될 걸
한마디 말 못 하고

떠난 뒤
땅이 꺼져라
한숨만이 서글퍼.

*오래고 긴 세월 또는 먼 미래

애타는 그리움

가신 임
얼굴이야
잊으면 그만인데

매일을
뜨고 지는
저 달은 어찌하나

그리움
남겨두고 간
돌아 못 올 임이여.

눈물만이 서글퍼

이렇게
떠나신다
왜 아니 말하시고

작은 꿈
키워가며
살아온 이 행복을

어떻게
잊으라시고
눈물만이 서글퍼.

당신

당신을
만난 날이
내 생애 최고의 날

지금도
기억하는
그날의 그 기쁨에

하늘을
날아다니네
구름 타고 두둥실.

그 사랑이

오뉴월
한이더라
서리가 하얗구나

뜨겁던
그 사랑이
이렇게 변하다니

꽃같이
향기로웠던
그 사랑이 그리워.

한겨울 기나긴 밤

짧았던
가을 해가
꼬리를 감추더니

어느새
캄캄한 밤
눈보라가 몰아치네

한겨울
기나긴 밤에
외로움만 깊어져.

목련

목련꽃
피고 지고
세 번이 지났건만

어이해
가신 임은
아직도 소식 없나

상처 난
이내 가슴은
어찌할 줄 모르네.

그리움 한보따리

눈물로
그려보네
떠나간 이내 임을

바람에
실려 보낸
그리움 한보따리

돌아와
돌아와 주오
사랑하는 임이여.

눈꽃

눈꽃이
피고 지길
열 번이 지났건만

아직도
그리움은
이렇게 그대론데

언제나
다시 보려나
눈물만이 애달파.

그 이름

오늘도
불러보는
그 이름 당신인데

어디서
무얼 하고
어떻게 사는 건지

너무도
그리웁구려
먼 하늘만 본다네.

5부 아지랑이

기쁜 오늘

너무도
기쁜 날이
오늘이 아니던가

봄바람
아지랑이
진달래꽃 활짝 피고

외손주
태어났다네
어쩜 이리 좋을까.

동무

철 지난
바닷가에
외로운 모래알을

파도가
밀려와서
동무하자 위로하네

혼자서
외로워 마라
너 혼자가 아니네.

친정엄마

새색시
우는구나
밤을 새워 우는구나

시엄마
불호령에
친정간다 말 못하고

밤하늘
달을 보면서
친정엄마 그리네.

인생길

가던 길
멈추어라
까마득한 낭떠러지

돌아서
가야겠네
주위를 살펴 가며

호흡을
가다듬으며
돌아가는 인생길.

무어라 말을 할까

무어라
말을 해야
웃음꽃 피어날까

무어라
말을 하면
기분이 풀리겠소

무어라
말을 해야만
꽁꽁 언 맘 녹일까.

피눈물

그렇게
기를 쓰고
몸부림을 쳐보아도

이렇게
산다는 게
어려울 줄 몰랐다네

눈에서
흘린 피눈물
어이 누가 알리오.

잘 듣기

할 말이
많다 해도
언제나 자제하고

남의 말
잘 듣기를
일상화 한다 하면

모두가
평화롭다네
함께 사는 온 누리.

기다리는 봄

추위가
길고 길어
겨울이 야속하고

서럽게
울어대는
문풍지가 가엾어라

돌담 밑
개나리꽃은
언제 다시 필까나.

그리움

들리네
들려오네
우리들의 옛이야기

풀피리
꺾어 불며
들판 위를 뛰어놀던

어릴 적
그때 그 시절
사무치게 그리워.

천천히

조금은
늦더라도
돌아서 가자 하네

빠르디
빠른 세월
휩쓸려 가지 말고

차분히
걸어가는 삶
나무늘보 생각나.

토종 벌꿀

꿀맛을
보셨나요
진정한 토종 꿀맛

맛보면
제일이라
천상천하 유아독존*

먹어야
알게 되는 맛
천하제일 토종꿀.

*하늘 위나 아래에 오직 나 홀로 존귀하다는 뜻

의지

무작정
걸었다네
뒤돌아볼 새 없이

한숨이
턱밑까지
정상이 목표인데

오르고
또 오른다네
의지 없인 불가능.

바보

쏠쏠한
그 재미에
잘못임을 알면서도

계속해
일을 했네
나쁜 일을 알면서도

모두가
외면을 하네
나 혼자만 웃음꽃.

마음먹기에 따라

어제는
어제라서
너무도 좋았었고

오늘은
오늘이라
한없이 행복했네

마음을
먹기에 따라
세상일은 바뀌네.

정도 正道

한숨을
내쉬면서
먼 산을 바라본다

왜 내가
그랬을까
가슴만 답답한데

아무리
어렵더라도
정도*만을 걷자네.

*올바른 길, 또는 정당한 도리

극락왕생極樂往生

코끝이
찡하는 건
나만이 아닐 텐데

참을 수
없는 건지
왜 이리 슬퍼질까

순직한
소방관님들
극락왕생* 하소서.

*죽어서 극락에 다시 태어남
*2023년 11월 9일 제61주년 소방의 날에

| 해설 |

고통을 승화한 사랑의 문양들

강연옥(시인)

1. 들어가며

 인간은 사회 속에서 서로 소통을 통하여 자신을 만들어간다. 고대 그리스인들은 '민주주의'를 실현하는 과정에서 지도자가 되려는 사람은 연설을 통해 사람들을 '설득'시켜야 했다. 공동체 사회에서 타인을 설득시키면서 사회를 유지 발전시키는 것은 예전이나 지금이나 마찬가지다. 이렇듯 설득은 타인을 향한다 지만, 실상 중요한 것은 자신을 설득시키는 삶이 중요하다. 자신을 위로하며 자존감을 세우기 위해서 자신의 내면을 성찰하고 발전시키는 것이 우선이다. 시인들이 처음 시를 쓰게 된 동기를 살펴보면, 자기 자신을 우선 설득시키기 위해 시를 쓰기 시작하는 경우가 많다. 어떤 시인은 자신과 세계와 삶에 대한 이해를 하기 위해서 쓰고, 또 어떤 사람들은 자기 내면의 상처를 치유하기 위해서 시를 쓰기 시작한다. 그렇게 시를 쓰다 보면 자신이 원하는 결론에 다다를 수 있기 때문이다. 결국 시인에게 설득의 방법은 시 쓰기인 것이다.

황상정 시인은 사실 불운의 교통사고를 당한 중증 장애인이다. 그는 첫 시집 출간 후 인터뷰에서 "천둥벼락 치는 어두컴컴한 긴 터널을 지나"왔다고 말을 했었다. 오랜 세월 절망도 했을 것이고, 또 주변의 사랑으로 용기도 얻으면서 그 긴 터널을 뚫고 나왔을 것이다. 그 터널 속을 지내는 동안 네 권의 시집을 출간하였고, 시를 쓰는 그 기간은 자신을 설득시키는 오랜 시간이었을 것이다. 그리하여 그 과정을 지나면서 삶의 세계를 이해하고, 지금은 오랜 숙련의 과정을 거친 단단한 옹이인 시조집『꽝솔』로 세상을 밝히고 있다.

2. 절망 그리고 상처의 향기

 우리네 삶의 행복은 순간적이고 불행과 죽음을 머리에 달고 살고 있다 해도 과언이 아니다. 그리하여 쇼펜하우어는 '산다는 것은 괴로운 것이다'라고 말하며 각자 자신에 대한 깊은 성찰에 행복의 가치를 뒀다. 즉 고통을 깨달아야 인생을 알게 된다는 것이다. 황상정 시인은 예기치 않은 교통사고로 오랜 세월 살과 뼈를 뚫으며 스며드는 절망감을 느꼈을 것이다. 그리하여 자신의 '몸에/ 병이 드니/ 만사가 귀찮다네'라며 '한숨만 절로' 난다며 쓸쓸한 희망의 펜을 든다.

 종일을
 갇혀 사는
 수족관 금붕어야

 그 모습
 처량하다
 내 모습과 똑같구나

맘대로
할 수가 없는
누가 내 맘 알리오.

                              -「어이하리」 전문

 밖을 볼 수는 있는데도 나갈 수는 없는 투명한 '수족관 금붕어'처럼 갇혀 살아야 하며 자신을 '누가 내 맘 알리오'라며 누구도 도울 수 없다는 사실을 인지한다. 고통의 어두운 그림자 안에 갇혔다. 그러나 세월은 어차피 자신이 자신의 그림자를 넘어서 나아가는 일이다. '모두가/ 낭떠러지/ 이 악물고 살'(「산다는 게」)면서 아픔을 넘어서야 하는 일이다. 그 넘어서는 과정에서 다시 길을 잃기도 한다.

갈 곳을
잃었다네
어디로 가야 할지

발길이
가는 대로
무작정 걸어가는

나그네
가는 길에는
비바람만 무정타.

                              -「비바람 나그네」 전문

 화자는 '어디로 가야 할지' 모른다면서도 '무작정 걸어가'고 있다. 제자리에서 방황하는 것이 아니라 '무작정 걸어가'고 있다. 그것도 나그네다. 나그네의 의미는 흐른다는 의미를 내포하고 있다. 흐른다는 것, 걸어간다는 것은 그것이 방황이라 해도 나아가는 사실 그 자체가 중요하다. '나그네/ 가는 길'에 '비바람만 무정'해도 고통의 내부를 관통하며 걸어가겠다는 의미가 내포되어 있다. 언제가 지금의 고통이 시간의 뒷면으로 사라지고 나면, 기억이라는 문양으로 심연 의식의 저장고에 안착한다. 그 저장고에 차곡차곡 쌓인 성찰들은 소나무가 외부로부터 상처를 입었을 때 자신을 보호하기 위해 만들어진 관솔처럼 삶의 원동력이 된다. 소나무 옹이가 천 년 이상 썩지 않고 향기를 품어내듯이 시간의 반복 위에 삶을 역동시킨다. 고통의 터널을 지나온 사람만이 만들어내는 관솔. 그 관솔은 어둠을 밝히는 불빛이 되며 그 불빛은 현대 문명이 발명한 빛과는 비교할 수 없는 숭고한 빛을 낸다. 사람 내부에서 뿜어져 나오는 빛과 향기는 고통을 승화시킨 사람에게서만 볼 수 있다. 그리하여 시조집 『광솔』의 시편 하나하나는 소나무 한 뿌리에서 갈라진 옹이들이다.

성격이
다르다고
한뿌리 아니더냐

생각은
커가면서
모든 게 바뀐다네

손가락
다섯 개에도
길고 짧음 있는데.

-「한뿌리」 전문

나무의 한 뿌리에서 가지가 갈라지면서부터 '손가락/ 다섯 개에도/ 길고 짧음 있'듯이 가지는 잔뿌리와 연결되어 운명이 갈라진다. 바랭이풀처럼 리좀적인 뿌리 식물은 한 뿌리가 아니라 각각 독립적인 뿌리로 뻗어나가지만, 관료형적인 수목은 땅속 잔뿌리와 연결된 나뭇가지의 운명이 다르게 고정된다. 그러기에 한 뿌리라 하더라도 잔뿌리에 연결된 가지마다 성격이 다르고 운명도 다르다. 다만 한 나무에서 삶이 이편이 고통이고 저편이 사랑이라도 한 뿌리임을 잊지 않는다면 '비바람/ 맞으면서/ 한평생 우리 한 몸'이 되는 것이다.

비바람
맞으면서
한평생 우린 한 몸

언제나
변함없이
너는 나의 전부인데

영원한
우리 사랑을
두 손 모아 빈다네.

―「광솔 1」 전문

다시금
만나는 날
새로이 태어나서

함께한
지난날을
되새겨 돌아보며

다시 올
무지개 행복
한 몸 되어 살리라.

－「광솔 3」 전문

　관솔의 방언인 '광솔'은 나무의 상처다. '비바람/ 맞으면서' 견뎌온 세월에서 옹이는 기억의 트라우마이다. 그러나 그 기억은 치유된 '언제나/ 변함없는/ 너는 나의 전부'인 흉터다. 이제 그 기억(흉터)은 '무지개 행복'인 옹이의 아름다움으로 치환되어 드러난다. 그리하여 광솔은 '한 몸 되어' 아픔을 견뎌낸 사람과 같다. 겉은 죽은 것 같지만 솔향기를 듬뿍 채우고 있는 '광솔'처럼, 오랜 고통을 견뎌낸 사람에게서도 솔향기가 난다. 상처가 묵으면 뚝심이 생겨나듯이, 아픔의 자리에 신생의 기운이 넘쳐나고 자신을 넘어서서 주변으로 사랑의 향기를 나른다.

3. 희망과 사랑에 관한 성찰

　성찰이라는 것은 대단한 것이 아니라 우리가 직면한 고통을 외면하지 않는 데서 출발이 된다. 우리는 고통 속에 있으면 빠져나오려고 애쓸수록 절망의 늪에 빠진다. 고통에서 내가 빠져나오는 것이 아니라, 내 안에 어둠인 고통에 환한 불빛을 비추어 어둠을 물리치는 것이다. 그러나 언젠가 그 빛이 사라지면 어둠처럼 또 고통은 우리를 엄습하는 게 삶이다. 마음속 고통을 치유하는 그 빛이 사랑이라 부를 수 있다. 사랑이 충만하면 그 빛을 다른 이에게도 나누어 줄 수 있는 여유를 갖게 된다. 시를 쓰는 것은 상처받은 자신을 치료하는 것에서 출발하지만, 결국엔 다른 사람들에게 '광솔'에 불을 지펴 밝혀주는 행위와 비슷하다. 그렇듯 시인은 자신의 고통을 넘어서서 다른 이들의 고통 위에 희망과 사랑을 기록해야 하는 책무로 거듭나야 하는 사람들이다.

>처마밑
>제비집에
>제비 부부 돌아오고
>
>새싹이
>돋아나는
>춘삼월 돌아왔네
>
>꽃망울
>터뜨리는 봄
>개나리가 웃는다.

-「춘삼월」 전문

누구에게나 인생의 겨울이 있다. 그 겨울을 견딜 수 있는 힘은 어김없이 봄이 돌아온다는 희망을 믿기 때문이다. 인간은 끝없는 자의식과의 싸움에서 봄의 희망의 씨를 가슴에 심고 정성으로 가꾼다.

>골 따라
>씨 뿌리고
>정성으로 싹을 틔워
>
>고추가
>오이처럼
>감자는 호박처럼
>
>정성이

하늘 같아서
이루어진 꿈이여.

-「정성」 전문

 사람의 위산은 철뿐만 아니라 무엇이든지 녹일 수 있음에도 절대 녹이지 못하는 것이 있다. 그것은 씨앗이다. 씨는 그대로 위와 장을 통과하여 배출이 되어 싹을 틔운다. 그 씨앗이 희망인 것이다. 씨앗은 무한한 우주의 생명력이다. 아직 잎과 줄기로 분할되지 않은 무한한 생명력이다. 상처가 흉터로 아문 가슴 '골 따라/ 씨 뿌리고' 정성으로 가꾸면 '고추가/ 오이처럼/ 감자는 호박처럼' 자라나 이미 포용력이 넓어지는 마음의 밭이 된다. 그리고 우리가 희망을 버리지 않고 가꾼다면 그 정성은 '하늘 같아서/ 이루어진 꿈'으로 우리의 삶에 사랑의 꽃을 피울 것이다.

길가에
홀로이 핀
어여쁜 들국화야

내 너를
바라보다
눈이 멀 뻔하였단다

얼마나
눈이 부시면
눈이 멀 뻔했을까.

-「들국화」 전문

뒷동산
진달래가

웃음꽃 피웠다네

　　온 동네
　　잔칫집에
　　축제가 열리던 날

　　그 축제
　　영원하기를
　　두 손 모아 빌었네.
　　　　　　　　　　　　　　　－「축제」 전문

　　저 멀리
　　굴뚝 위로
　　하얀 연기 올라오고

　　정겨운
　　저녁 향기
　　어머니가 손짓하네

　　서둘러
　　가야 한다네
　　하얀 이밥 날 불러.
　　　　　　　　　　　　　　　－「저녁연기」 전문

　삶은 아픔과 공명하면서 나아간다. 산다는 것은 아픔과 친숙해지며 사는 것이며, 그러면서도 아픔에 신경을 곤두세우지 않는다는 것과도 같다. 그런 사람은 이미 가슴에 사랑을 가득 품고 있고, 그 사랑은 눈과 마음을 열게 하여 주변에 사랑의 심연을 응시하게 한다. 그리하여 시의 시선이 밖을 향해 자연이나 이웃에게도 향한다. '홀로이 핀/ 어여쁜 들국화'를 '눈이 멀 뻔 하'도록 응시한다. 주변의 소소한 일상에서 행복을 포착하기도 한다. 동네 잔칫집에서 이웃들의 행복이 '뒷동산/ 진달래가/ 웃음꽃'으로 치환하며 이 행복이 '영원하기를/ 두 손 모아' 소원하고 있다. 그런 기저에는 어머니의 절대적인 믿음이 바탕이 된다. '하얀 연기'가 피어오르는 것은 멀리서 부르는 어머니의 손짓이고, 그 손짓은 내 목숨을 이어주는 어머니의 '하얀 이밥'이다. 그리하여 어머니의 따스한 기억은 나의 존재의 에너지원이다.

4. 마무리 글

이미 황상정 시인은 절망이나 욕망이 부질없이 꺾이는 분절 지점을 여러 번 지났고, 그 지점을 넘어설 때마다 깨달음의 꽃을 피웠다. '광솔'이 죽은 것처럼 보여도 자신의 향을 깊이 품고 있고, 또 다른 생명들을 빛나게 하는 뒷심이 되어주는 것처럼 황상정 시인의 삶도 '광솔'처럼 거듭났다. '광솔'은 오색 마삭줄이 감싸고 올라가도록 밑그림이 되어주고, 풍란이 뿌리로 손을 내밀면 잡아주어 멋진 예술품이 되기도 하고, 향기를 품은 각종 공예품이 되기도 한다. 그렇듯 황상정 시인 또한 이미 몇 번의 시집을 발간하면서 자신을 설득하는 데 성공함으로써, 그로 인해 지금은 그 무엇에도 지배당하지 않는 소중한 자신만의 세계를 구축했다는 것을 시조집 『광솔』을 통해서 알게 된다. 황상정 시인의 시는 인각학적 믿음과 사랑이 내재된 시적 태도로 발전하고 있다. 또한 사람들은 잘 살아가기 위해 시를 써야 한다는 교훈을 이 시조집을 통해서 느끼게 된다. 아프고 외로울 때 그리고 사랑할 때 시를 쓰자.

그림과책 시선 311

광솔

초판 1쇄 발행일 _ 2024년 10월 31일

지은이 _ 황상정
펴낸이 _ 손근호

펴낸곳 _ 도서출판 그림과책
출판등록 2003년 5월 12일 제300-2003-87호

03924 서울특별시 마포구 월드컵북로54길 17 821호
　　　(상암동, 사보이시티다엠씨)
　　　　　도서출판 그림과책
전화 (02)720-9875, 2987 _ 팩스 (02)720-4389
도서출판 그림과책 homepage _ www.sisamundan.co.kr
후원 _ 월간 시사문단(www.sisamundan.co.kr)
E-mail _ munhak@sisamundan.co.kr

ISBN 979-11-93560-19-8(03810)

값 12,000원

이 책의 판권은 지은이와 그림과책에 있습니다.
잘못된 책은 교환해 드립니다.